সমাজ সংস্কৃতি-চিন্তা

बिन्दी-युक्त अक्षर

बिन्दी-युक्त अक्षर

डॉ. ब्रजमोहन

वाणी प्रकाशन

वाणी प्रकाशन

4695, 21-ए, दरियागंज, नयी दिल्ली 110 002

शाखा

अशोक राजपथ, पटना 800 004

फ़ोन : +91 11 23273167 फ़ैक्स : +91 11 23275710

www.vaniprakashan.in
vaniprakashan@gmail.com
sales@vaniprakashan.in

BINDI-YUKT AKSHAR
by Dr. Brijmohan

ISBN : 978-93-87409-70-5
Linguistics

प्रथम (वाणी) संस्करण

मूल्य : ₹ 150

सिटी प्रेस, दिल्ली-110 095 में मुद्रित

वाणी प्रकाशन का लोगो मक़बूल फ़िदा हुसेन की कूची से

प्रस्तावना

प्रश्न यह है कि जो शब्द हिन्दी में अरबी, फ़ारसी, उर्दू से आये हैं, जैसे :

बाज़ार, नज़र

आदि, उन्हें नुक्ता (बिन्दी) लगाकर लिखा जाय, या बिना नुक्ते के :

बाजार, नजर।

सन् १६०१ में नागरी प्रचारिणी सभा, काशी, ने यह निर्णय किया था कि ऐसे शब्दों में बिन्दियाँ लगाई जायें। तब से सभा के प्रकाशनों में नुक्ता लगने लगा।

सन् १६३० में पं० किशोरी दास वाजपेयी ने बिन्दी के विरूद्ध अभियान छेड़ा। बहुत कुछ उन्हीं के प्रयास से हिन्दी साहित्य सम्मेलन के शिमला अधिवेशन में यह प्रस्ताव पास हुआ कि नुक्ता न लगाया जाय। अतएव अब सभा और सम्मेलन दोनों के प्रकाशनों में नुक्ता नहीं लगाया जाता।

मैं ऐसे शब्दों में बिन्दी लगाने का प्रबल समर्थक हूं। इसी मत का प्रतिपादन करने के लिए मैंने यह पुस्तिका लिखी है।

मैं अपने मित्र डा० बदरीनाथ कपूर का आभारी हूं जिन्होंने अपने प्रेस में छापकर यह पुस्तिका "शब्द लोक प्रकाशन" के तत्वावधान में प्रकाशित की।

११ दिसम्बर, १९७० ब्रजमोहन

बिन्दी-युक्त अक्षर

विषय-सूची

परिशिष्ट

: १ :

विषय प्रवेश

यह कहना तो कठिन है कि संसार की सबसे प्राचीन लिपि कौन सी है। किन्तु शोध द्वारा इतना निश्चित हो चुका है कि भारत की सबसे प्राचीन लिपियाँ, जिन की हमें जानकारी है, खरोष्ठी और ब्राह्मी थीं। भारत की अधिकतर आधुनिक लिपियाँ: बंगला, गुजराती, मराठी, नागरी··· ब्राह्मी लिपि से ही निकली हैं। इतने समय में ब्राह्मी लिपि ने कौन-कौन से रूप धारण किये और किस प्रकार आधुनिक लिपियों के रूप में प्रस्फुटित हुईं, इस का इतिहास बड़ा रोचक है। इस विषय के अनुसन्धायकों के लिए निम्नलिखित पुस्तक बहुत उपयोगी है:

गौरीशंकर हीराचन्द ओझा: भारतीय प्राचीन लिपिमाला-राजपूताना संग्रहालय, अजमेर (सम्वत् १९७५)।

इसके अतिरिक्त 'भारती माता मन्दिर', काशी, की एक दीवार पर एक तालिका दी हुई है। उस में ब्राह्मी लिपि के भिन्न-भिन्न रूप ब्योरेवार दिये हुये हैं। उक्त तालिका भी इस विषय के शोधकों के बड़े काम की है।

कई दशाब्दियों से नागरी लिपि के सुधार का प्रश्न छिड़ा हुआ है। इन दशकों में इस विषय पर सैकड़ों लेख निकल चुके हैं। कुछ कट्टरपंथियों का तो यह विचार है कि हमारी लिपि के प्रस्तुत रूप में कोई परिवर्तन होना ही नहीं चाहिये। ऐसे व्यक्तियों से तो तर्क करना ही व्यर्थ है। किसी को कूप-

मंडूक बने रहने से हम कैसे रोक लेंगे ? संसार बदल गया, नये रास्ते बन गये, कच्ची सड़कें पक्की हो गईं, राजमार्ग तैयार हो गये, परन्तु यह लोग अपनी उसी पुरानी पगडंडी पर चलना चाहते हैं। यातायात के नवीनतम साधनों : मोटर, रेल, वायुयान के रहते हुये भी यदि कोई बैलगाड़ी पर ही चलना पसन्द करे तो उसे कौन विवश करेगा कि वह रेलगाड़ी या वायुयान पर बैठे ही ?

हम यह मानते हैं कि नागरी वर्णमाला एक सरल और अभिव्यंजक वर्णमाला है। भारतीय लिपियों में तो सबसे सरल है ही, कदाचित संसार भर की वर्णमालाओं में इस के जोड़ की दूसरी वैज्ञानिक वर्णमाला नहीं मिलेगी। परन्तु क्या इसका यह अर्थ हुआ कि नागरी वर्णमाला अथवा लिपि में कोई दोष है ही नहीं ? या इससे यह निष्कर्ष निकला कि नागरी वर्णमाला और लिपि को और भी वैज्ञानिक और अभिव्यजक नहीं बनाया जा सकता ? और यदि यह संभव है तो उक्त दिशा में प्रयास क्यों न किया जाय ?

सन् १९३९ की बात है। हिन्दी साहित्य सम्मेलन का २८ वाँ अधिवेशन काशी में हो रहा था। प्रश्न यह था कि काका कालेलकर द्वारा प्रचारित 'लिपि सुधारों' को अपनाया जाय या नहीं। हम इस समय उक्त समस्या के पक्ष-विपक्ष पर विचार नहीं कर रहे हैं। केवल प्रसंग वश एक बात याद आ गई है। पं० सीताराम चतुर्वेदी एक प्रस्ताव लाये कि "नागरी लिपि में सुधार की अभी आवश्यकता नहीं है।" एक सज्जन ने संशोधन उपस्थित किया कि 'अभी' के स्थान पर 'कभी' रख दिया जाय। चतुर्वेदी जी ने तुरन्त संशोधन स्वीकार कर लिया। चलिये छुट्टी हुई। "नागरी लिपि में सुधार की कभी

आवश्यकता नहीं है।" इस प्रकार सुधार का मार्ग ही सदैव के लिए बन्द कर दिया। मानों, नागरी लिपि भगवान् ने स्वयं गढ़ कर भेजी है और कहला दिया है कि "इस में कभी कोई परिवर्तन होने ही मत देना।"

जीवित भाषाओं और लिपियों में परिवर्तन होते ही रहते हैं। रोमन लिपि का भी सदैव यह रूप नहीं था जो आज है। हमारे देखते-देखते एक परिवतन हो गया। सन् १९२० के आस पास तक स्कूलों में अंग्रेजी व्याकरण के अन्तर्गत द्विस्वर (Diphthong) और त्रिस्वर (Triphthong) पढ़ाये जाते थे। इस प्रसंग में तनिक इन शब्दों पर ध्यान दीजिये :

formulae, Aesop

इन शब्दों का पुराना रूप यह था :

formulæ, Æsop

आज कौन सा अंग्रेज़ी लेखक इन्हें इस प्रकार लिखता है? और हमारी देशी लिपियाँ क्या सदैव इसी रूप में रही हैं जिस रूप में हम उन्हें आज देख रहे हैं? यदि ऐसा होता तो आज तक सारे देश में वही ब्राह्मी लिपि चलती होती जिस से नागरी लिपि का विकास हुआ है। यह तो रही पुरानी बात। हमारे देखते-देखते नागरी लिपि में कई संशोधन हो गये हैं :

(१) तनिक इन शब्दों पर ध्यान दीजिये :

पिटना, क्लान्ति, स्निग्ध।

इन शब्दों में इ की मात्रा का दाहिना सिरा क्रमशः प, त, न की शिरोरेखा के दाहिने सिरे से छूना चाहिये। किन्तु मुद्रण की कठिनाइयों के कारण अब ये शब्द इस प्रकार लिखे जाते हैं :

पिटना, क्लान्ति, स्निग्ध।

क्या आज इन शब्दों को इस प्रकार लिखना ग़लत माना जाता है ?

(२) इस प्रकार के तीन शब्द लीजिये :

ब्रह्मा, बाह्य, नवाह्न।

यह इन शब्दों के लिखने का मौलिक रूप है। किन्तु अब अधिकतर मुद्रणालय स्वर-रहित ह :

ह्

रखने लगे हैं। अतः अब उपरिलिखित शब्द इस प्रकार छपते हैं :

ब्रह्मा, बाह्य, नवाह्न।

क्या ये रूप आपत्तिजनक हैं ?

(३) इन तीन शब्दों पर विचार कीजिये :

हृत्तन्त्री, हृष्ट, ह्रास।

टाइपराइटरों पर ये शब्द इस प्रकार लिखे जाते हैं :

हृत्तन्त्री, हृष्ट, ह्रास।

ऐसे युक्ताक्षर भी हिन्दी जगत् स्वीकार करता जा रहा है।

(४) इस प्रकार के शब्द भी विचारणीय हैं :

रुचि, रूक, रूप।

बहुत से प्रेस अब ये शब्द इस रूप में छापते हैं :

रुचि, रूक, रूप।

और टाइपराइटरों पर तो रू सदैव इस रूप :

में ही छपेगा।

क्या ये रूप असहनीय हैं ?

(५) तनिक इन शब्दों पर विचार कीजिये :

रङ्क, पङ्ख, गङ्गा, कङ्घा, पञ्च, पञ्छी, पञ्जी, मञ्झा, अण्टी, कण्ठ, डण्डा, ठण्ढा।

अब ये शब्द अधिकतर इस प्रकार लिखे जाते हैं।

रंक, पंख, गंगा, कंघा, पंच, पंछी, पंजी, मंझा, अंटी, कंठ, डंडा, ठंढा।

हिन्दी के आधुनिक व्याकरणों ने भी अनुस्वार के इस प्रकार के प्रयोग को मान्यता दी है।

(६) पिछली दो एक दशाब्दियों से हिन्दी के बहुत से लेखक अंग्रेज़ी के इन विराम चिह्नों का प्रयोग करने लगे हैं :

, ; ? ! : " "

ऐसा करने के लिए किसी ने उन से कहा नहीं था। किन्तु स्पष्ट है कि इनके प्रयोग से भाषा की अभिव्यंजना शक्ति बहुत बढ़ जाती है। इसी कारण केन्द्रीय सरकार ने भी इन्हें मान्यता दे दी है।

यहाँ प्रसंगवश पं० सीताराम चतुर्वेदी की यह पुस्तक उल्लेखनीय है :

भाषा की शिक्षा—हिन्दी साहित्य कुटीर, वाराणसी (संवत् १९९९)।

पृ० २४७ पर आप लिखते हैं कि :

"......इस से अच्छा तो यह है कि :

? , !

आदि जो अनार्य तथा अनावश्यक चिह्न नागरीवाले काम में लाने लग गए हैं, उन्हें निकाल बाहर करें।"

क्या तर्क है! क्या समस्त अनार्य वस्तुएँ त्याज्य हैं? यदि ऐसा है तो आज से हम सब लोगों को सिनेमा देखना, क्रिकेट खेलना और डबलरोटी खाना बन्द कर देना चाहिये। इतना ही नहीं, रेल, वायुयान, घड़ी, यहाँ तक कि अंग्रेज़ी औषधियों का प्रयोग भी छोड़ देना चाहिये। और भी न जाने कितनी वस्तुओं का त्याग करना पड़ेगा।

अब रहा प्रश्न 'अनावश्यक' का। यह अपनी अपनी परिभाषा पर निर्भर है। यदि किसी बात से भाषा की अभिव्यंजना शक्ति कई गुनी हो जाती है तो उसे अनावश्यक कैसे कहा जायगा? किन्तु यदि 'अनावश्यक' की परिभाषा यह है कि 'जिस के बिना काम चल जाय, वह अनावश्यक है', ता आज भी रेलगाड़ी के बिना काम चल सकता है। यदि हम बैलगाड़ी पर चलें तो अपने गन्तव्य स्थान पर पहुँच ही जायंगे, भले ही घण्टों की यात्रा सप्ताहों में पूरी हो।

उपरिलिखित बातों से स्पष्ट है कि नागरी लिपि के स्वरूप में आज भी परिवर्तन होता चला जा रहा है। यह सुधार किसी योजना के अनुसार नहीं हुये हैं, वरन समय और स्थिति ने आप से आप करा लिये हैं। सुधार विरोधी कह सकते हैं कि "लिपि में आप से आप सुधार होना एक बात है, और उस में ज़बरदस्ती विकार उत्पन्न करना बिल्कुल दूसरी बात। इस प्रकार क्या कभी भाषा और लिपि की प्रकृति बदली जा सकती है?" ऐसे व्यक्तियों से हमारा निवेदन है कि हम किसी नदी को चलने से

रोक नहीं सकते, उसे उल्टी ओर बहा भी नहीं सकते, किन्तु एक सीमा के अन्दर उसका दिशा विस्थापन अवश्य कर सकते हैं। यदि ऐसा न होता तो नदी नियन्त्रण (River Training) जैसे विषय का जन्म ही न होता। सन् १९५३ और १९५७ में लखनऊ में नागरी लिपि सुधार सम्मेलन हुए जिन्होंने हमारी लिपि में कुछ सुधार प्रस्तुत किए। तत्पश्चात १९५९ में दिल्ली में शिक्षा मंत्रियों का सम्मेलन हुआ जिसने उक्त सुधारों में से अधिकतर पर अपनी छाप लगा दी।

सन् १९५५ में केन्द्रीय सरकार के शिक्षा मन्त्रालय ने एक हिन्दी मुद्रलिख (Typewriter) और दूरमुद्रक (Teleprinter) समिति बनाई। सन् १९५८ में उक्त समिति का प्रतिवेदन प्रकाशित हुआ। समिति ने मुद्रलेखन और दूरमुद्रण के विचार से हमारी लिपि में कुछ सुधारों की संस्तुति की। उक्त सुधारों के आधार पर ही हिन्दी के नये टाइप-राइटर बनाये गये जिनका प्रयोग अब देश के भिन्न-भिन्न कार्यालयों में हो रहा है और दिन पर दिन बढ़ता जा रहा।

केन्द्रीय सरकार के केन्द्रीय हिन्दी निदेशालय ने १९६७ में एक पुस्तिका 'मानक देवनागरी' प्रकाशित की है जिस में सभी स्वीकृत सुधारों का समावेश कर लिया गया है। हम यहाँ उन सुधारों में से केवल उन्हीं का उल्लेख करेंगे जिन्हें दिन प्रति दिन हिन्दी जनता स्वीकार करती जा रही है।

(१) अक्षर छ में से पूँछ निकाल दी गई। अब इसका रूप छ हो गया।

(२) ख का नया रूप ख स्वीकृत किया गया। इसससे

ख और रव।

में जो भ्रम की थोड़ी सी गुञ्जायश थी, वह भी जाती रही।

(३) अब तक निम्नलिखित पांच अक्षर दो प्रकार लिखे जाते रहे हैं :

अ झ ण ल क्ष

अ झ ण ल क्ष

इन सब अक्षरों के पिछले रूप ही स्वीकृत किये गये क्योंकि मुद्रण के लिये यही रूप सुविधाजनक हैं। इनमें से अधिकतर के यही रूप मराठी में चलते हैं।

(४) ध और भ के मराठी रूप ध और भ स्वीकार किये गये।

(५) नागरी लिपि में एक नया अक्षर (मराठी) ळ बढ़ाया गया। इसका उच्चारण कुछ-कुछ ल और ड़ से मिलता-जुलता है।

(६) अंक ६ के तीन रूप प्रचलित थे :

६ ६ ९

इनमें से तीसरे रूप को ही मान्यता दी गई।

(७) ये दो मूर्धन्य व्यंजन :

ड़ ढ़

हिन्दी भाषा में चलते तो थे किन्तु इन्हें वर्णमाला में स्थान नहीं दिया जाता था। अब नागरी की व्यंजनमाला में इन्हें भी स्थान दे दिया गया है।

(८) त्र के पुराने रूप के साथ-साथ नया रूप

त्र

भी स्वीकार कर लिया गया है।

ये सुधार आप से आप नहीं हुए हैं वरन् योजनानुसार किए गए हैं। यों कहिए कि लकीर पन्थियों की दृष्टि में ज़बरदस्ती किये जा रहे हैं। किन्तु उक्त सुधार अब चल कर ही रहेंगे क्योंकि सरकार उन्हीं पुस्तकों को प्रश्रय देगी जो इस विषय में उस की मान्यताओं के अनुसार लिखी जायँ।

विदेशी कहते हैं कि हिन्दी कोई सरल भाषा नहीं है। यह बात हिन्दी प्रेमियों को खलती है क्योंकि अपनी भाषा सब को सरल दिखाई देती है। किन्तु इस विषय में विदेशियों के मत का मूल्य अधिक है। इस के अतिरिक्त, नागरी लिपि (लेखन पद्धति) कोई सरल अथवा वैज्ञानिक लिपि नहीं है। हाँ, नागरी वर्णमाला (ध्वनिमाला) बहुत कुछ अंशों में सरल और वैज्ञानिक है, और अन्य वर्णमालाओं से अधिक व्यापक भी। और इसी कारण हिन्दी की उच्चारण पद्धति यूरोपीय भाषाओं की भाँति जटिल नहीं है। यदि हम नागरी वर्णमाला और लिपि में थोड़े बहुत संशोधन कर के उसे और भी अधिक व्यापक और वैज्ञानिक बना दें तो संभव है कि वह किसी दिन विश्वभाषा की वर्णमाला का आधार बन जाये। पाठक इस विषय में निम्नलिखित पुस्तक का अवलोकन करें :

ब्रजमोहन : नागरी लिपि-रूप और सुधार
शब्द-लोक प्रकाशन, वाराणसी–२ (१९६८)

कुछ आलोचक कहेंगे कि एक तो वे लोग हैं जिनकी भाषा की वर्णमाला बहुत अवैज्ञानिक और अधूरी है जैसे अंग्रेज़। वे तो अपनी वर्णमालाओं में कोई संशोधन कर नहीं रहे हैं, और एक हम हैं जो अपनी पूर्णप्राय वर्णमाला में भी तोड़-मरोड़ करने को तैयार हैं। किन्तु सोचने की बात यह है कि अन्य भाषाओं की

वर्णमालायें तो इतनी त्रुटिपूर्ण हैं कि उन्हें संशोधित कर के भी किसी प्रकार वैज्ञानिक और व्यापक बनाया हीं नहीं जा सकता। हमारी वर्णमाला के पूर्ण वैज्ञानिक होने में थोड़ी सी ही कसर है। इस के अतिरिक्त इस में इतनी अन्तः शक्ति है कि थोड़े से ही प्रयास से इसे अधिक व्यापक बनाया जा सकता है। तो क्यों न हम थाड़ी सी उदारता दिखाकर इसे अधिक वैज्ञानिक और व्यापक बना दें जिस से यह किसी दिन समस्त संसार की भाषा की वर्णमाला बन सके।

●●

: २ :

मुख्य समस्या

नागरी लिपि सम्बन्धी एक विवाद-ग्रस्त प्रश्न यह है कि जो शब्द हिन्दी में फ़ारसी, अरबी से आएँ, उनके नीचे बिन्दियाँ लगाई जाएँ या नहीं। ऐसे शब्द हिन्दी में साधारणतः उर्दू के माध्यम से ही आते हैं। अतः समस्या का व्यावहारिक रूप यह होगा कि "जो शब्द हिन्दी में उर्दू से आये हैं, या भविष्य में आयेंगे, उनके नीचे बिन्दी लगाई जाय या नहीं?" हम यहाँ ऐसे दो चार बहुप्रयुक्त शब्द लेते हैं :

क़लम, क़र्ज़; ख़ुद, ख़ैर; ग़लत, बाग़, गज़, तेज़, फ़र्ज़, फ़ाल्तू।

यह इन शब्दों का शुद्ध रूप है। हिन्दी के कुछ लेखक इन्हें इस रूप में लिखते हैं :

कलम, कर्ज; खुद, खैर, गलत, बाग, गज, तेज, फर्ज, फाल्तू।

अब प्रश्न यह है कि इन्हें पहले ढंग से लिखा जाय या दूसरे ढंग से। इस सम्बन्ध में कई बातें विचारणीय हैं।

(क) पुरानी परिपाटी के अधिकतर लेखकों का यह विचार है कि ऐसे शब्दों में बिन्दी नहीं लगानी चाहिये। उर्दू लिपि में तो सारा खेल बिन्दियों पर ही निर्भर है। यदि हम 'ग़लत' जैसे शब्द में ग के नीचे बिन्दी न लगायें तो विशेष हानि नहीं होगी क्योंकि 'ग़लत' से अलग 'गलत' कोई शब्द हिन्दी में नहीं बनता। किन्तु यदि हम 'गज़' को बिना बिन्दी के लिखें तो वह

हिन्दी शब्द 'गज' बन जायगा जिसका अर्थ 'हाथी' है। इसी ढंग की गड़बड़ 'तेज' और 'तेज़' में भी होगी।

यदि दोनों तत्सम्बन्धी शब्द उर्दू के ही हों तो इस प्रकार की भ्रान्ति और भी मुखर हो जायगी। जैसे 'जलील' (तेजस्वी और प्रभावशाली) और 'ज़लील' (घृणित और तुच्छ)। यह दोनों शब्द उर्दू भाषा में विद्यमान् हैं और इन के अर्थों में आकाश, पाताल का अन्तर है।

इस सम्बन्ध में यह पुस्तक पठनीय है :

पं० किशोरीदास बाजपेयी : हिन्दी की वर्तनी और शब्द विश्लेषण, राजधानी ग्रन्थागार, नई दिल्ली–१४ (१९६८)

पृ० १०७ पर वाजपेयी जी लिखते हैं :
यही बात

डॉक्टर, कॉलेज, ऑफिस

आदि की है। हमलोग लिखते हैं

डाक्टर, कालेज, आफिस

आदि ······सो हिन्दी में डाक्टर, कालेज आदि शुद्ध वर्तनी है,·······डॉक्टर, कॉलेज आदि ग़लत वर्तनी है।

इन शब्दों का उदाहरण लेना अनुपयुक्त है। हिन्दी में डॉक्टर जैसा कोई अपना शब्द नहीं है जिससे अंग्रेज़ी के Doctor का भ्रम हो। इसी प्रकार हिन्दी में कॉलिज जैसा कोई अन्य शब्द है ही नहीं। अतएव यदि आप Doctor को डाक्टर लिखें तो कुछ बनता बिगड़ता नहीं। किन्तु हिन्दी-उर्दू के शब्दों के सैकड़ों जोड़े ऐसे हैं जिन में दिन-रात भ्रम होने की गुंजाइश है। ऊपर हमने ऐसे शब्दों के दो एक जोड़े दिये हैं। ऐसे कुछ शब्द-

युग्मों के लिये देखिये अभिदेश (१) इस के अतिरिक्त इस पुस्तिका के अन्त में ऐसे बीसियों जोड़ों की सूची दी गई है। ऐसे शब्दों पर वाजपेयी जी का उपर्युक्त तर्क बिल्कुल लागू नहीं होता।

उसी पुस्तक के पृ० २०६ पर वाजपेयी जी ने 'गंगा' शब्द का उदाहरण दिया है जिसे अंग्रेज़ी में 'गैंजीज़' कर दिया गया है। इसका मुख्य कारण यह है कि रोमन लिपि में ङ के उच्चारण के लिए कोई स्वतंत्र चिह्न है ही नहीं। ये लोग इसका काम ng से लेते हैं। और अंग्रेज़ी में ng का उच्चारण भी सदैव ङ जैसा नहीं होता। इन शब्दों

hunger, king, strongest

में ng का उच्चारण ङ जैसा है, किन्तु

vanguard, unguided, engulf

में ङ जैसा नहीं है, न्ग जैसा है। ये अन्तर इन शब्दों mangoes मैंगोज़, man goes मैंन गोज़ से और भी स्पष्ट हो जाता है।

अतएव यदि ये लोग गंगा को Ganga लिखते तो उच्चारण सौकर्य के कारण अधिकतर अंग्रेज़ इसे गंगा के बदले गन्गा पढ़ते। कदाचित् यही कारण रहा होगा जो उन्होंने गंगा को गैन्जीज़ कर दिया।

ऐसा नहीं है कि अंग्रेज़ अपनी भाषा अथवा लिपि में कभी कोई परिवर्तन करने को तैयार नहीं होते। अमेरिका में तो शब्दों की वर्तनी तक बदली जा रही है। कई दशकों से यह प्रयत्न चल रहा है कि अंग्रेज़ी की वर्तनी को सरल बनाया जाय। हम यहाँ दो-तीन उदाहरण देते हैं :

पुरानी वर्तनी	नई वर्तनी
colour	color
night	nite
though	tho

इसमें सन्देह नहीं कि अभी तक सारे अंग्रेज़ी जगत ने इस सुधार को स्वीकार नहीं किया है, किन्तु इस दृष्टिकोण वालों की संख्या दिन पर दिन बढ़ती जा रही है। और कोई आश्चर्य नहीं यदि यह नई वर्तनी अगले दो तीन दशकों में ही सारे अंग्रेज़ी संसार पर छा जाय।

वाजपेयी जी पृ० १०५ पर लिखते हैं : "अंग्रेज़ी का जैसा उच्चारण इंग्लैंड में होता है, वैसा ही संसार में सर्वत्र नहीं होता। बहुत उच्चारण भेद है देश भेद से। परन्तु वर्तनी सर्वत्र एक है।" ऐसा लिखना ग़लत है। इंग्लैंड में उपरिलिखित शब्दों की पुरानी वर्तनी चल रही है, अमेरिका के भी कुछ भागों में पुरानी वर्तनी चल रही है, कुछ में नई।

यह तो हैं आधुनिक उदाहरण। किन्तु कुछ शब्दों की तो दो-दो वर्तनियाँ परम्परागत हो गई हैं, जैसे :

theatre	(इंग्लैंड)	theater	(अमेरिका)
honour	(,,)	honor	(,,)

ऐसा भी नहीं है कि इंग्लैंड में ही समस्त शब्दों की एक सी वर्तनियाँ हों। इंग्लैंड में ही कुछ शब्दों की दो-दो वर्तनियाँ चल रही हैं, जैसे :

tire	tyre
silvan	sylvan
civilisation	civilization

और यदि थोड़ी देर के लिये मान लिया जाय कि अंग्रेज़ इतने संकीर्ण-हृदय हैं कि वह अन्य भाषाओं के कारण अपनी भाषा और लिपि में कोई संशोधन नहीं करते, तो इस से यह निष्कर्ष किस प्रकार निकला कि हम भी न करें ? यदि कल अंग्रेज़ अपने दोनों कानों में एक-एक टोकरी लटका कर चलें तो क्या हम भी बिना सोचे समझे उनका अनुकरण करने लगें ? यह कोई तर्क है ?

जब कभी उपरिलिखित दृष्टिकोण के समर्थकों को 'जलील' और 'ज़लील' वाला उदाहरण दिया जाता है, तुरन्त टक्साली उत्तर मिलता है कि "प्रसंग से सदैव पिता चल जाता है कि लेखक का अभिप्राय 'जलील' से है या 'ज़लील' से।" ऐसे महानुभावों से हमारा निवेदन है कि सदैव प्रसंग से पता नहीं चलेगा। मान लीजये कि हम किसी से कह रहे हैं कि 'बटुक चन्द जलील है।' इस से क्या तात्पर्य निकलेगा ? बटुक चन्द प्रतिष्ठित व्यक्ति है या अधम ?

रविवार २४ नवम्बर १६६६ के दैनिक 'आज' में श्री रुद्र काशिकेय का एक लेख 'नागरी में नुक्ता' पर निकला था। उस में इस प्रकार का एक बहुत ही सुन्दर उदाहरण दिया गया था जो हम यहाँ साभार उद्धृत करते हैं। पहले हम उक्त पंक्तियों को बिन्दियों सहित लिखते हैं :

जब सुबहे विसाल ज़ाग़ बोले,
हाँ, जैसे उठाये बाग़ बोले।
क़ूकने का ही काम क़ाज़ करे,
ऐश के संगलाख सुराग़ बोले।।

"यह प्रभातकाल का वर्णन है। जब मिलन रात्रि का सवेरा हुआ तो ज़ाग़ (कौए) बोल उठे। (वे इस तरह) बोले जैसे

(उन्होंने सिर पर) उपवन को उठा लिया हो। ऐश (आनन्द) की संगलाख़ सुराग़ (दुरूह तलाश) भी बोल उठी कि क़ाज़ (बत्तखें) केवल कूकने का काम करें।"

अब हम उन्हीं पंक्तियों को बिन्दु हटाकर लिखते हैं :

"जब सुबहे विसाल जाग बोले,
हाँ, जैसे उठाये बाग बोले।
कूकने का ही काम काज करें,
ऐश के संग लाख सुराग बोले॥"

अब इस चौपदे का अर्थ यह हो जायगा :

"जब मिलन की रात्रि का सवेरा होने पर वे उठे तो इस तरह जल्दबाज़ी से बोले जैसे कहीं जाने के लिये घोड़े पर सवार बाग उठाये बोल रहे हों। यों आनन्द के साथ लाखों सुन्दर राग बोल उठे कि आज कूकने के सिवा और कोई काम-काज न किया जाय।"

रविवार, २२ दिसम्बर १९६८ के दैनिक 'आज' में वाजपेयी जी ने इसके उत्तर में एक लेख लिखा था : नुक्ता, नागरी और हिन्दी। उक्त लेख में वाजपेयी जी ने रुद्र जी के तर्कों का कोई उत्तर नहीं दिया, केवल इस तरह टाल दिया जैसे बच्चों को झुंझुने से बहला दिया जाता है। रुद्र जी ने एक उदाहरण 'कमर' (कटि) और 'क़मर' (चन्द्रमा) का दिया था। उस के उत्तर में वाजपेयी जी ने केवल इतना कहा है कि, 'हिन्दी क़मर को चन्द्रमा के अर्थ में ग्रहण नहीं करती।' हमारे देखते-देखते उर्दू के दर्जनों शब्द हिन्दी वाले प्रयुक्त करने लगे, जैसे :

ज़नाना, क़द, ग़रज़, ख़ाना, ज़रा, क़ै।

हम ने केवल ऐसे शब्दों का दृष्टान्त लिया है जिन का हिन्दी में प्रयोग हाल ही के दशकों में आरम्भ हुआ है। क्या इन शब्दों का हिन्दी के इन शब्दों से भ्रम नहीं होगा :

जनाना, कद, गरज, खाना, जरा, कै ?

क्या कोई गारण्टी दे सकेगा कि भविष्य में हिन्दी के लेखक 'क़मर' का प्रयोग चन्द्रमा के अर्थ में नहीं करेंगे ? और यदि करेंगे तो क्या वाजपेयीजी उन्हें रोक लेंगे ?

(ख) इस समस्या का एक पक्ष और भी है। किसी भी प्रदेश के निवासी उसी प्रकार के उच्चारण कर सकते हैं जिसके अभ्यस्त होते हैं। कैलीफ़ोर्निया (अमेरिका) के निवासी रोमन लिपि के 'आर' का उच्चारण न र जैसा करते हैं न ड़ जैसा, बरन दोनों के बीच का सा ? प्रयत्न करने पर भी वह लोग शुद्ध र का उच्चारण कर ही नहीं पाते। पीढ़ियों से उन्होंने ऐसा उच्चारण किया ही नहीं है।

सन् १९६७ की बात है। कैलीफ़ोर्निया के जिस कॉलिज में मैं नियुक्त था, उसमें भाषा विज्ञान के एक प्राध्यापक थे जो भिन्न-भिन्न देशों के जानवरों की बोलियों का संग्रह किया करते थे। एक दिन वह अपना टेप अभिलेखक (Tape recorder) लेकर मेरे पास भी पहुँच गए। मैंने उन्हें भिन्न-भिन्न पक्षियों की बोलियाँ सुनाईं। वह शांति से उनका अभिलेखन करते रहे। जब मैंने कबूतर की बोली की नक़ल 'गुटर गू" की तो वह तुरन्त बोले, 'सुन्दर। मैंने आज तक ऐसा 'र' सुना ही नहीं था। एक बार फिर कहो।'

जब मैं उन्हें कबूतर की बोली दुबारा सुना चुका तो वह बोले, 'क्या तुम्हारी भाषा में ऐसे शब्द भी हैं जिनमें दो र एक

साथ आते हों ? यदि हों तो ऐसे शब्दों का उच्चारण सुनाओ।' मैंने उन्हें सुनाया :

छर्रा, कर्रा, गुर्रा, चर्र मर्र, टर्र टर्र।

उन्होंने आश्चर्य से मुंह फैला दिया मानो कोई अचम्भा देख रहे हों। चलते-चलते उनके मुंह पर वाह-वाह थी। कारण यही था कि वह 'र' और 'र्' बोल ही नहीं सकते थे। इसी प्रकार वह लोग 'त' और 'ण' का उच्चारण नहीं कर सकते।

अब मान लीजिये कि हम 'ख़त' और 'ज़मीन' को बिना बिंदी लगाए लिखते हैं। तो हमारी भावी पीढ़ियाँ इन वर्णों के उच्चारण की कभी अभ्यस्त नहीं होंगी। एक समय ऐसा आएगा जब हमारे देश के निवासियों के लिए इस प्रकार के उच्चारण असम्भव से हो जायेंगे।

अब प्रश्न यह है कि हम अपनी भाषा का उच्चारण क्षेत्र बढ़ाना चाहते हैं या घटाना ? आजकल की दुनियां में वही भाषा शक्तिशाली समझी जाती है जिसका उच्चारण क्षेत्र ख़ूब बढ़ा चढ़ा हो। बचपन में हमारे बुज़ुर्ग हमें उर्दू के मद्रसों में ही भेजना पसन्द करते थे। जब उनसे कोई पूछता था कि 'बच्चों को हिन्दी की पाठशाला में क्यों नहीं भेजते ?' तो वे उत्तर देते थे कि 'हिन्दी पढ़ने से बच्चों के शीन, क़ाफ़ दुरुस्त नहीं होते।' बात भी सही है। यदि बच्चे 'क़लम' को 'कलम' और 'ज़मीन' को 'जमीन' कहेंगे तो उनके शीन, क़ाफ़ कभी दुरुस्त नहीं होंगे। हम चाहते हैं कि हमारे बच्चे हिन्दी पढ़ें किन्तु उनके शीन, क़ाफ़ दुरुस्त रहें।

यदि हम 'फ़र्ज़' को 'फर्ज' लिखेंगे तो दो में से एक बात अवश्य होगी। या तो हमारे देश के भावी बच्चे फ़ और ज़ के

उच्चारण सदैव के लिए भूल जायेंगे, या फिर हमारे फ के दो उच्चारण हो जायेंगे : एक फ, दूसरा फ़; और हमारे ज के भी दो उच्चारण हो जाएंगे : एक ज, दूसरा ज़। इस प्रकार हमारी लिपि में एक नया दोष उत्पन्न हो जाएगा। दोनों में से कोई भी स्थिति वांछनीय नहीं है।

(ग) इस प्रसंग में पं० किशोरीदास वाजपेयी की यह पुस्तक पठनीय हैं :

हिन्दी शब्द-मीमांसा

हिमालय एजेंसी, कनखल १९५८ :

चतुर्थ अध्याय के आरम्भ में वाजपेयी जी लिखते हैं :

विदेशी भाषा से शब्द ग्रहण करने में भी हिन्दी की अपनी विशिष्ट पद्धति है। जो शब्द हिन्दी की प्रकृति के अनुकूल हैं, उन्हें ज्यों का त्यों—तद्रूप या तत्सम ले लिया गया है—जैसे रूमाल, मकान, कोट, बटन आदि। परन्तु जो ऐसे नहीं, जिनका रूप हिन्दी की प्रकृति के अनुकूल नहीं, उन्हें कुछ खरास-तरास लिया गया है—जैसे ख्याल (<ख़याल), जरूरत (ज़रूरत), अस्पताल (<हास्पिटल), लालटेन (<लैंटर्न) आदि।....”

वजपेयी जी ने सिद्धान्त का प्रतिपादन तो बड़ी स्पष्टता से किया है किन्तु हमारा निवेदन यह है कि बिन्दी-युक्त अक्षरों पर यह उपमा ठीक नहीं बैठ रही है। हम यह नहीं मानते कि अक्षरों के नीचे बिन्दी लगाना हिन्दी की प्रकृति के प्रतिकूल है। ‘लालटेन’ हिन्दी में गृहीत हो चुका है, बिन्दी-रहित ‘गरीब’ गृहीत नहीं हुआ है। हम एक कसौटी वाजपेयी जी के सामने

रखते हैं। हिन्दी के एक लाख लेखक इकट्ठे कीजिये और उनसे कहिये कि lantern का समानक हिन्दी में लिखें। उनमें से प्रत्येक 'लालटेन' लिखेगा, एक भी 'लैंटर्न' नहीं लिखेगा। अब उन्हीं लेखकों से कहिये कि अरबी शब्द 'ग़रीब' का समानक हिन्दी में लिखें। यदि उनमें से हज़ारों लेखक बिन्दी-रहित 'गरीब' लिखेंगे, तो हज़ारों ही बिन्दी-युक्त 'ग़रीब' लिखेंगे। जो लेखक हिन्दी के अतिरिक्त संस्कृत भी जानते होंगे, वह प्रायः सभी बिन्दी-रहित 'गरीब' लिखेंगे। जो हिन्दी के अतिरिक्त उर्दू भी जानते होंगे, वह प्रायः सभा बिन्दी-युक्त 'ग़रीब' लिखेंगे। अब रही बात उन लेखकों की जो न उर्दू से परिचित हैं, न संस्कृत से। यदि उनमें से सहस्रों बिना बिन्दी के लिखेंगे, तो सहस्रों हो बिन्दी सहित लिखेंगे। ऐसे लेखकों की ठीक-ठीक प्रतिशतता नहीं दी जा सकती।

इन तथ्यों से क्या निष्कर्ष निकला ? यही न, कि 'ग़रीब' हिन्दी में क़िस रूप में लिया जाय, यह प्रश्न अभी तक विवाद-ग्रस्त है। वाजपेयीजी जैसे व्यक्ति चाहते हैं कि तद्भव रूप में लिया जाय, हमारे जैसे व्यक्ति चाहते हैं कि तत्सम रूप में लिया जाय। यही सारे झगड़े की जड़ है। यदि बिन्दी-रहित 'गरीब' हिन्दी में (लालटेन की भाँति) गृहीत हो चुका होता तो वाजपेयी जी को उसकी बिन्दी हटाने के लिए इतना प्रयास न करना पड़ता। 'ग़रीब' की बिन्दी 'ग़रीब' के साथ आना चाहती है, किन्तु वाजपेयी जी उस ग़रीब की बिन्दी छीनने पर तुले हुए हैं। कैसी विडम्बना है !

(घ) अब तनिक ड़ और ढ़ की स्थिति पर विचार कर लीजिये। आरम्भ में ये दोनों वर्ण नागरी लिपिमाला में समाविष्ट नहीं थे। कोई समय आया जब इन दोनों ध्वनियों को

व्यक्त करने के लिए नये चिह्न निर्धारित करने की आवश्यकता पड़ गई। बिन्दी लगाने की युक्ति हमारे पूर्वजों को सुगम दिखाई पड़ी। उन्होंने बिन्दी लगाकर ड और ढ को नया रूप दे दिया और इस प्रकार नागरी लिपि के उच्चारण क्षेत्र का विस्तार कर दिया। आज भी ड़ और ढ़ को टवर्ग में स्थान नहीं दिया जाता, इन्हें वर्णमाला के अन्त में अलग से लिखा जाता है।

इन तथ्यों से स्पष्ट है कि बिन्दी हिन्दीवालों के लिये कोई नई वस्तु नहीं है और बिन्दी लगाना हिन्दी की प्रकृति के प्रतिकूल भी नहीं है। तब फिर क, ख, ग, ज, फ के नीचे बिंदी लगाने में इतना संकोच क्यों है ?

हिंदीशब्द-मीमांसा के पृ० ६४ पर वाजपेयी जी लिखते हैं :

गुप्तजी (श्री बालमुकुन्द गुप्त) ने 'भारत मित्र' के १६ फ़रवरी सन् १६०० के अंक में लिखा था :

"काशी की नागरी प्रचारिणी सभा हिंदी में बिंदी चलाना चाहती है। यह बिंदी अक्षर के ऊपर नहीं, नीचे हुआ करेगी। '(लड़ना, पढ़ना आदि हिंदी-शब्दों के नीचे लगनेवाली बिंदी का ज़िक्र यहाँ नहीं है)।......"

ऐसा प्रतीत होता है कि गुप्तजी के ध्यान में यह बात थी कि हिंदी की प्रकृति के अनुसार बिंदी अक्षरों के ऊपर ही लगाई जाती है। किंतु तुरंत उन्हें ड़ और ढ़ की बिंदियों का ध्यान आ गया। अतः विरोधियों का मुँह बन्द करने के लिये कोष्ठकों वाला वाक्य जोड़ दिया। हम गुप्तजी के समर्थकों से पूछना चाहते हैं कि जब ड़ और ढ़ वाली बिंदियाँ अक्षरों के नीचे लगती हैं और फ़ारसी-अरबीवाली बिंदियाँ भी नीचे ही लगती हैं, तब उन बिंदियों और इन बिंदियों की प्रकृति में क्या तात्त्विक अंतर हुआ

और बिंदी-प्रणाली हिंदी की प्रकृति के प्रतिकूल किस प्रकार बैठी ? क्या वह बिंदियाँ सोने की हैं और ये बिंदियाँ चाँदी की ?

हम यह मानते हैं कि छपाई में बिंदियाँ टूट जाती हैं। किंतु इस दिशा में भी सुधार हो रहा है। धीरे-धीरे मुद्रण सम्बंधी कठिनाइयाँ दूर हो रही हैं। यह समस्या केवल फ़ारसी-अरबी के शब्दों से ही सम्बद्ध नहीं है। यह तो जैसी इन शब्दों के लिये है, वैसी ही ड़ और ढ़ के लिये और वैसी ही अनुस्वार के लिये। उर्दू के ऐसे शब्दों के कारण हमारे प्रेसों में कोई नई कठिनाई तो उपस्थित हो नहीं रही है। कठिनाई तो ड़, ढ़ और अनुस्वार के कारण सदैव से विद्यमान है, केवल उसका परिमाण थोड़ा बढ़ जायगा। जो समाधान हम ड़, ढ़ और अनुस्वार की बिंदियों की समस्या का निकालेंगे, वही उर्दू के उपरिलिखित अक्षरों की बिंदियों की समस्या के लिए निकल आएगा।

(ङ) हम ऊपर लिख चुके हैं कि लखनऊ सम्मेलनों ने नागरी लिपि में कुछ सुधार उपस्थित किये और केन्द्रीय सरकार ने उन्हें मान्यता दे दी। तदनुसार पाँच अक्षरों और एक अंक के रूप बदल गये और एक नया (मराठी) अक्षर नागरी लिपि में समाविष्ट कर लिया गया। ऐसा क्यों किया गया ? इसलिए कि हिन्दी अन्य भारतीय भाषाओं के समीप आना चाहती है। अब ज़रा सोचने की बात यह है कि उर्दू भी उसी प्रकार एक शुद्ध स्वदेशी भाषा है जिस प्रकार मराठी, बंगला, गुजराती·····हैं। यदि हिंदी अन्य भारतीय भाषाओं से सामीप्य स्थापित करने के लिये अपने पाँच अक्षरों और एक अंक के रूप बदल सकती है, और एक बिलकुल नये अक्षर को आत्मसात कर सकती है तो उर्दू के कारण एक छोटी सी बिंदी क्यों नहीं पचा सकती–वह बिन्दी जो इस समय भी उसका एक आवश्यक अंग है ?

इस सम्बन्ध में यह उद्धरण पठनीय हैं :

(१) ८ जून १९४५ के पत्र में सम्मेलन की ओर से राजर्षि पुरुषोत्तमदास टंडन ने महात्मा गांधी को लिखा :

"सम्मेलन हिंदी को राष्ट्रभाषा मानता है। उर्दू को वह एक शैलो मानता है, जो विशिष्ट जनों में प्रचलित है।"

देखिये न० चिं० जोगलेकर : देवनागरी लिपि—स्वरूप, विकास और समस्यायें—हिंदी साहित्य भंडार, अमीनाबाद, लखनऊ (सं० २०१९) पृ० ३४५।

(२) डा० श्यामसुन्दर दास : "जब वह खड़ी बोली फ़ारसी-अरबी के तत्सम और अर्ध-तत्सम शब्दों को इतना अपना लेती है कि कभी-कभी उसकी वाक्य रचना पर भी कुछ विदेशी रंग चढ़ जाता है तब उसे उर्दू कहते हैं।"

देखिये हिंदी भाषा—इंडियन प्रेस, प्रयाग (१९५४) पृ० ३२।

(३) डा० धीरेन्द्र वर्मा : "अतः उद्गम की दृष्टि से उर्दू और आधुनिक साहित्यिक हिंदी सगी बहनें हैं।"

देखिये हिंदी भाषा और लिपि—हिंदुस्तानी ऐकेडेमी, प्रयाग १३ वाँ संस्करण (१९६६) पृ० ४४।

(४) चन्द्रधर शर्मा गुलेरी : "……वस्तुतः उर्दू कोई भाषा नहीं है, हिंदी की विभाषा है……"

दे० पद्म सिंह शर्मा : हिंदी, उर्दू, हिंदुस्तानी—हिंदुस्तानी एकैडेमी, प्रयाग (१९५१) पृ० ३१।

(५) पं० किशोरीदास वाजपेयी : "यह ध्यान में रखना चाहिए कि हमने हिंदी की बात कही है जिसका एक रूप उर्दू भी है…… …"

दे० हिंदी की वर्तनी. पृ० ६८।

फ़ारसी-अरबी के जो शब्द हिंदी में आए हैं या आ रहे हैं, प्रायः उर्दू के माध्यम से ही आ रहे हैं। और उर्दू में वे तत्सम रूप में आए हैं। और 'उर्दू हिंदी की ही एक शैली है', 'हिंदी का ही एक रूप है', तब उर्दू के ऐसे शब्दों में परकीयता क्यों दिखाई देती है? जो शब्द उर्दू के अंग बन गये, वह हिंदी के भी अंग बन गए, अन्यथा हिंदी कोशों में उन्हें क्यों स्थान दिया जाता है? तब हिंदी उन शब्दों की शुद्ध वर्तनी क्यों न दे जो उसमें आत्मसात हो चुके हैं?

हमारी विचारधारा के विरोधियों का यह मत है कि 'तेज' एक शब्द है जिसकी एक वर्तनी है, किंतु दो व्युत्पत्तियाँ हैं, दो उच्चारण हैं: तेज और तेज़; और दो अर्थ हैं। हमारा दृष्टिकोण यह है कि 'तेज' और 'तेज़' अलग-अलग दो शब्द हैं जिनकी वर्तनी अलग, व्युत्पत्ति अलग, उच्चारण अलग और अर्थ अलग हैं। तब इनको एक में क्यों मिलाया जाय?

आपटे का संस्कृत-अंग्रेज़ी कोश हमारे सम्मुख है। उसमें से हम कुछ उद्धरण देते हैं:

पृ० ४५५ : उपमातृ m An image-maker, a portrait painter.

पृ० ४५६ : उपमातृ f. A second mother, a wet nurse.

पृ० ५८६ : कुशिन् a. Mixed or combined with water.

कुशिन् a. Furnished with Kusa' grass.

पृ० १६३८ : समित f. War, battle.

समित pp. Come together, met.

इसका यह अर्थ हुआ कि 'कुशिन्' और 'कुशिन्' दो शब्द हैं जिनकी वर्तनी और उच्चारण एक हैं; किंतु व्युत्पत्ति और अर्थ अलग-अलग हैं। ऐसे शब्दों को एक दूसरे से पृथक् माना गया है।

हिंदी का सबसे बड़ा उपलब्ध कोश कदाचित 'मानक हिंदी कोश' है। अब उसके उद्धरण भी देखिये :

चौथा खंड

पृ० १९३ : भणिता (तृ)—पुं [सं० √भण (कहना)+तृच] बोलनेवाला, वक्ता।

भणिता—स्त्री० [सं० भणित] कविता में होनेवाला कवि का उपनाम (छाप)।

पृ० २३० : भुव (वस्)—पुं० [सं० भू+असन] वह आकाश या अवकाश जो भूमि और सूर्य के बीच में है। अन्तरिक्ष।

भुव—पुं० [सं० भू+क] अग्नि। आग।

पृ० २८२ : मधुरा—स्त्री० [सं० मधुर+टाप्] मीठा नीबू।

मधुरा— वि०[सं० मधुर] [स्त्री० मधुरी] मधुर।

इस हिंदी कोश में भी वही नीति अपनाई गई है। भुव,भुव दो शब्द हैं जिनकी वर्तनी और उच्चारण एक हैं, किन्तु व्युत्पत्ति और अर्थ अलग-अलग हैं।

अब मानक कोश की ही दूसरे प्रकार की प्रविष्टियों पर ध्यान दीजिये :

दूसरा खंड

पृ० ५६ : गज–पुं० [सं० √गज (मत्त होना)+अच्] [स्त्री० गजी] हाथी ।

पुं० [फ़ा० गज़] लम्बाई नापने की एक माप जो सोलह गिरह के बराबर होती है ।

पृ० ३७० : जीना–अ० [सं० जीवति, प्रा० जिअइ, जीअन्त, मरा० जिणे] जीवित रहना ।

पुं० [फ़ा० ज़ीना] सीढ़ी ।

पृ० ५७३ : तेज–पुं० [सं० तेजस्] गरमी । ताप ।

वि० [सं० तेजस् से फ़ा० तेज़] ऐसा उग्र, प्रबल या विकट जिसे सहना कठिन हो, जैसे–तेज़ धूप ।

ध्यान देने की बात यह है कि 'गज' और 'गज़' दोनों शब्द वर्तनी, उच्चारण, व्युत्पत्ति और अर्थ–चारों गुणों में एक दूसरे से अलग हैं। फिर भी उन्हें एक ही शब्द मानकर एक ही प्रविष्टि के अन्तर्गत रख दिया गया है ।

एक बात और भी है । 'कुशिन्' और 'कुशिन्' दोनों शब्दों का उद्गम संस्कृत है यद्यपि दोनों भिन्न-भिन्न मार्गों से आये हैं। किंतु 'गज' की उत्पत्ति संस्कृत से है जब कि गज़ की व्युत्पत्ति फ़ारसी से है। 'कुशिन्' और 'कुशिन्' एक दूसरे के इतने समीप हैं, फिर भी दोनों को पृथक्-पृथक् दो शब्द माना गया है। इसके विपरीत 'गज' और 'गज़' एक दूसरे से इतनी दूर हैं, फिर भी दोनों को एक शब्द माना गया है क्योंकि इनमें से एक में उर्दू की छूत लगी हुई है और बिंदियाँ लगाने से घृणा है। यह है इन बिंदी विरोधियों की धींगा मस्ती !

एक बात याद आ गई। एक बार मैं एक संस्था में राष्ट्र-भाषा पर व्याख्यान देने गया था। व्याख्यान के पश्चात् प्रश्नोत्तर हुए। एक सज्जन बैठे हुए थे : नज़ीर। उन्होंने कहा कि "हम हिंदी भाषा से अपना सान्निध्य कैसे समझें जब कि उसमें मेरा नाम भी शुद्ध रूप में नहीं लिखा जा सकता ?" मैंने उनका मतलब समझकर उत्तर दिया कि "मैं आपका नाम ज के नीचे बिंदी लगाकर ही लिखूँगा।" इतना सुनते ही उन्होंने मुझे गले लगा लिया, और कहा कि "मेरी शंका का समाधान हो गया।' इतना अन्तर पड़ जाता है एक बिंदी के लगाने से। यह बिंदी हमें उर्दू के समीप ले जाती है, बिंदी-रहित अक्षर हिंदी उर्दू को एक दूसरी से अलग करते हैं।

जब हम कोई द्विभाषी कोश बनाते हैं, तब उच्चारण सिखाने के लिए ज्ञात भाषा के समीपस्थ उच्चारण का सहारा लेते हैं। मान लीजिये कि हम हिन्दी-अंग्रेज़ी कोश बना रहे हैं। तो हिंदी वर्ण ट का उच्चारण सिखाने के लिए इस प्रकार लिखेगे :

ट—Its sound is like that of t in 'cut.'

और यदि अंग्रेज़ी-हिंदी कोश तैयार कर रहे है, तो इस प्रकार लिखेंगे :

t—इसकी ध्वनि ऐसी है जैसी 'खाट' में ट की।

अब मान लीजिये कि हम हिंदी-उर्दू कोश तैयार कर रहे हैं। हम इस प्रकार लिखेंगे :

उर्दू का 'फ़े'—इसकी ध्वनि ऐसी है जैसी हिंदी शब्द 'फ़ाल्तू' में फ़ की।

किंतु यदि बिंदी लगाने की प्रणाली ही स्वीकार नहीं की गई तो इसी बात को किस प्रकार व्यक्त किया जायगा ? फ़े की ध्वनि बताने के लिए हिंदी का कौन सा शब्द दिया जायगा ?

एक बात और। यदि 'बिंदी-रहित शब्दों' वाली प्रणाली स्वीकार कर ली गई तो सम्भवतः दो-चार दशकों बाद की पीढ़ियाँ 'फ़' ध्वनि से ही अपरिचित हो जाएँगी। तब फ़ की ध्वनि व्यक्त करने का कोई भी साधन हमारे पास नहीं रह जायगा।

हिंदी शब्द-मीमांसा के पृ० ९८ पर वाजपेयीजी लिखते हैं :

"जब फ़ारसी आदि को नागरी लिपि में लिखना हो, तब नीचे बिंदी लगाई जा सकती है और उर्दू-फ़ारसी के पद्य आदि उद्धृत करने में भी बिंदी लगा सकते हैं......"

मान लीजिये कि वाजपेयीजी के मतानुसार बिंदियों का प्रयोग उड़ गया। दस-बीस वर्ष बाद का विद्यार्थी उर्दू का यह शेर पढ़ता है :

"ज़ाग़ की चोंच में अंगूर, ख़ुदा की क़ुदरत।"

वह इस पंक्ति को इस प्रकार पढेगा :

"जाग की चोंच में अंगूर, खुदा की कुदरत।"

आपके बिंदी लगाने का क्या अर्थ निकलेगा ? वह जानता ही नहीं कि बिंदी-युक्त अक्षरों का कैसा उच्चारण होगा। सँभलिये वाजपेयीजी, आपका तर्क आप को कहाँ से कहाँ लिये जा रहा है ?

कभी-कभी हमें इस प्रकार का तर्क भी सुनाई पड़ता है :

"हमने सारे संसार की भाषाओं का ठेका नहीं लिया है जो हम उन सबकी ध्वनियों को अपनी लिपि में निरूपित करते फिरें।"

संसार की अन्य भाषाओं का ठेका चाहे न भी लिया हो, उर्दू का ठेका अवश्य लिया है क्योंकि "उर्दू, हिंदी ही की एक शैली है।" ऐसी दो भाषाओं का उदाहरण कदाचित् संसार भर में अन्यत्र नहीं मिलेगा जिनमें इतना सान्निध्य हो जितना हिंदी,

उर्दू में। बोल-चाल में तो प्रायः दोनों एक ही हैं, केवल इनके साहित्यिक रूप अलग-अलग हैं। ऐसी स्थिति में उर्दू को विदेशी भाषाओं के समकक्ष रखना कहाँ तक न्यायोचित है ? यह आवश्यक नहीं है कि जो पद्धति हम विदेशी भाषाओं के शब्द ग्रहण करने के विषय में निर्धारित करें, वही पद्धति हम उर्दू के शब्दों के सम्बन्ध में भी अपनायें। हिंदी-उर्दू का चोली-दामन का साथ है। इन दोनों का सम्बन्ध दुनिया से निराला है।

●●

: ३ :

बिन्दी विरोधियों की अन्य दलीलें

(i) 'हिंदी की वर्तनी' के पृ० १०७ पर वाजपेयीजी लिखते हैं :

"फ़ारसी-उर्दू पढ़ा हुआ व्यक्ति ही समझ सकता है कि फ़ारसी आदि के किस शब्द में क, ख, ग का प्रयोग किया जाय और कहाँ क़, ख़, ग़ आदि का।"

क्या हम यह पूछ सकते हैं कि शब्द-कोश किस मतलब से बनाये जाते हैं ? क्या केवल अलमारियों में सजाकर रखने के लिए ? जब कभी किसी शब्द की वर्तनी, व्युत्पत्ति अथवा अर्थ जानना हो तो कोश का ही तो सहारा लिया जाता है। जहाँ कहीं सन्देह हो कि बिंदी लगानी है या नहीं, तुरन्त कोश देख लीजिए, क़िस्सा ख़तम।

सब हिंदीज्ञ संस्कृत पढ़े तो होते नहीं, अतः बहुत बार व के स्थान पर ब का प्रयोग कर जाते हैं। तो क्या हम व को इसी बिना पर अपनी वर्णमाला से निकाल दें ? इतना ही नहीं, कुछ लोग श, ष और स में भेद नहीं कर पाते। कुछ विद्यार्थी ड, ड़, ढ, ढ़, ण में से एक वर्ण का किसी दूसरे वर्ण के बदले प्रयोग कर जाते हैं। तब क्या यही दलील इन अक्षरों पर भी लगाई जाय ?

इस सम्बन्ध में वाजपेयीजी ने हिंदी शब्द-मीमांसा में दो एक चुटकुले दिये हैं। उसी प्रकार के दो एक चुटकुले हम भी यहाँ देते हैं :

एक व्यक्ति ने आकर 'मीर साहब' से कहा कि "ख़ाज़ी जी ख़ी ख़ोठी में ख़ौआ ख़ैं ख़ैं ख़र रहा था।"

मीर साहब ने कहा कि "कभी-कभी क़ाफ़ भी बोल दिया करो।"

तो वह व्यक्ति बोला, "बहुत क़ूब !"

किंतु ऐसी गड़बड़ी केवल उर्दू के शब्दों में ही नहीं हुआ करती, हिंदी में भी सम्भव है।

एक व्यक्ति ने आकर पंडितजी से कहा कि "सारदा प्रसाद ने बिसेसर गंज से बतासे भेजे हैं।"

पंडितजी ने कहा कि "कभी-कभी श भी बोल दिया करो।"

तो वह व्यक्ति बोला, "नमश्कार भी कहा है।"

यदि वाजपेयीजी पहले चुटकुले से कोई निष्कर्ष निकालें तो दूसरे से भी उसी प्रकार का निष्कर्ष निकलना होगा।

(ii) हिंदी शब्द-मीमांसा के पृ० ६५ पर वाजपेयीजी ने श्री बालमुकुन्द गुप्त के एक लेख का उद्धरण दिया है। उसमें एक वाक्य यह आता है :

"यदि ज़ाल, ज़्वाद, ज़ोय का फ़र्क़ रखना मंज़ूर नहीं तो बिंदी लगाने की ज़रूरत नहीं, और यदि इन सब में भेद समझा जाता है, तो फिर 'ज़ाल, ज़्वाद, ज़ोय' की भी कुछ पहचान होनी चाहिए।"

यह दलील बिल्कुल अप्रासंगिक है। हिन्दीवाले ज़ाल, ज़्वाद, ज़ोय में कोई भेद नहीं रखना चाहते। वह तो केवल ज़ की ध्वनि को ज की ध्वनि से अलग रखना चाहते हैं, या यों कहिये कि zine में जो ध्वनि z की है, उसे ज की ध्वनि से पृथक् रखना

चाहते हैं। वह ध्वनि उर्दू वाले कहाँ पर ज़ाल से व्यक्त करते हैं, कहां पर ज़्वाद से और कहां पर ज़ोय अथवा ज़े से, इससे हमें कोई मतलब नहीं। क्या कभी किसी ने हिन्दी के किसी लेखक को उर्दू के अक्षरों 'तोय' और 'ते' में भेद करने के लिये किसी विशेष चिह्न का प्रयोग करते देखा है? यों तो उर्दू में एक-एक ध्वनि को व्यक्त करने के लिए कई-कई वर्ण हैं, किन्तु यहाँ हमारा सम्बन्ध वर्णों से नहीं, ध्वनियों से है।

(iii) दे० हिन्दी शब्द-मीमांसा पृ० ९५ :

"........वे कैसे जानेंगे कि किस शब्द के नीचे बिन्दी लगानी चाहिए? क्या आपलोग बिन्दी लगाकर उर्दू शब्दों का कोश उनके लिए तैयार कर देंगे?"

हम उनके लिए उर्दू कोश तैयार नहीं करेंगे, किन्तु हिन्दी शब्द-कोशों में उर्दू के ऐसे शब्द अवश्य देंगे जो हिंदी में समा-विष्ट हो गये हैं। और उनमें से ऐसे शब्दों के नीचे अवश्य बिंदी लगायेंगे जिनके नीचे लगनी चाहिए। हमारे हिन्दी कोशों से ही पता चल जायगा कि किस-किस शब्द में बिन्दी लगानी चाहिए।

(iv) दे० हिन्दी शब्द–मीमांसा पृ० ९४ :

"........वास्तव में 'ज़े' जीम का ही विकार है। वह फ़ारसी वालों के कंठ की ख़राबी के सिवा और कुछ भी नहीं।"

किसी अन्य लिपि की जो ध्वनि हमारी नागरी लिपि में न हो, वह उस लिपिवालों के कंठ की ख़राबी है! मराठी कविता में एक पंक्ति इस प्रकार की है :

रघुपति सलारे पाहूं, सुर असुर मुनि ज़्या भज़ती।

मराठी में ज़ ध्वनि ! यह कदाचित मराठीवालों के कंठ की ख़राबी होगी। एक बात यह भी ध्यान देने योग्य है कि यदि कंठ की ख़राबी से ज का ज़ हो गया तो फ़ारसी में यह दोनों ध्वनियां कैसे विद्यमान रहीं? उस लिपि में 'जीम' भी है और 'ज़ो' भी। यदि कठ की ख़राबी के कारण ही ज का ज़ बना है तो केवल 'ज़ो' रह जाना चाहिए था, 'जीम' को उड़ जाना चाहिए था।

थोड़ी देर के लिए मान लीजिए कि ज़-ध्वनि की उत्पत्ति कंठ की ख़राबो से ही हुई है। किंतु अब तो उसने स्वतन्त्र सत्ता प्राप्त कर ली है। क्या हम आज उसके अस्तित्व को ही स्वीकार न करें? यूरोपीय भाषाओं में कई ध्वनियां ऐसी हैं जिनके लिए नागरी लिपि में कोई चिह्न नहीं है, जैसे :

father के f की,
pleasure के s की,
wall के w की*

सम्भव है यह सब ध्वनियां भी भौगोलिक कारणों से ही उत्पन्न हुई हों, किन्तु क्या आज हम इन सब ध्वनियों को अस्वाभाविक कहकर इनकी ओर से आंखें मूँद लें? और मराठी ळ की ध्वनि ल और ड़ की ध्वनि से मिलती-जुलती है। इसको लखनऊ सम्मेलनों और केन्द्रीय सरकार ने क्यों मान्यता दी है? केवल मान्यता ही नहीं दी, इस वर्ण को नागरी वर्णमाला में आत्मसात कर लिया है!

(४) हिन्दी की वर्तनी पृ० १०७ :

---

*यह ध्वनि व की ध्वनि से भिन्न है; देखिये अभिदेश (१०) पृ० २६।

"......वर्तनी में भेद हो जायगा। सब लोग बाजार लिखेंगे और कुछ लोग बाज़ार लिखेंगे, तो दुरंगापन आएगा...."

हम कब कहते हैं कि वर्तनी में भेद किया जाय? हम तो चाहते हैं कि सब लोग बिन्दी लगाकर बाज़ार लिखें; कोई भी (बिना बिन्दी का) बाजार न लिखे। यह वाजपेयी जी ने कैसे मान लिया कि 'सब लोग बाजार लिखेंगे?'

(vi) हिन्दी शब्द-मीमांसा पृ० ९३ :

'........जरूरत, जरूरी जैसा उच्चारण सुनकर मुसलमानी हिंदी (उर्दू) के लेखक कहीं हँस पड़े होंगे।........'

हिन्दी की वर्तनी पृ० १०७ :

"बिन्दी लगाने का चाव बढ़ने पर लोग वहां भी बिन्दी लगाने लगेंगे जहां उसकी ज़रूरत नहीं। तब उर्दू-दां लोग हँसेंगे। वकील को वक़ील लिखें तो कैसा रहेगा?......."

इसका अर्थ यह हुआ कि यदि बिन्दी बिल्कुल न लगाने पर उर्दू दाँ हँसे तो कोई चिंता नहीं। किंतु यदि गलत स्थान पर बिंदी लगाने पर उर्दू दाँ हँसें तो दुनिया उलट जायगी!

हम बताते हैं कैसा रहेगा। जब लोग

फ़र्ज़ को फर्ज,
क़र्ज़ को कर्ज,

और वज़ीफ़ा को वजीफा

कहते हैं तब भी उर्दू दाँ हंसते हैं। जैसा तब रहता है, वैसा ही रहेगा।

हम जानते हैं कि इसका उत्तर यह दिया जायगा कि :-

"बिंदियाँ न लगाना तो हमारा सिद्धांत है। हम बिन्दियाँ कहीं लगाते ही नहीं। इसलिए बिन्दियाँ न लगाने पर उर्दू दाँ हँसें तो हँसा करें। किंतु बिंदियाँ लगाना, और ग़लत स्थान पर लगाना, यह अज्ञान के कारण होगा।"

जब उर्दू दाँ हमारे ग़लत उच्चारण पर हँसेंगे तब इस बात का विश्लेषण करने नहीं बैठेंगे कि हमारा ग़लत उच्चारण सिद्धांत के कारण है या अज्ञान के कारण या प्रमाद के कारण। हँसते समय मनुष्य को इतना अवकाश नहीं होता कि इस प्रकार विश्लेषण कर सके। वह तो केवल ग़लत उच्चारण पर हँसता है, चाहे उसका कारण कुछ भी हो।

(vii) बिंन्दी विरोधियों की एक टक्साली दलील यह है कि "बिन्दी लगाने से हमारी लिपि और भाषा विकृत हो जाएंगी।"

इस दलील में भावना अधिक है, तर्क कम। भावना में तर्क की गुंजाइश कम ही रहती है। हमारा विचार है कि बिन्दी लगाने से हमारी भाषा और लिपि विकृत नहीं होतीं, वरन् अधिक व्यंजक, अधिक सजीव और अधिक शक्तिशाली होती हैं।

● ●

अध्याय (४)

उपसंहार

यदि संस्कृत अथवा व्याकरण का कोई प्रश्न होता तो हम वाजपेयी जी की आज्ञा नत मस्तक हो कर मान लेते। किन्तु इस समस्या का सम्बन्ध सामान्य बुद्धि से है, और इससे भी अधिक हिन्दी के प्रचार-प्रसार से है। और इस विषय में हम किसी का भी लोहा मानने को तैयार नहीं हैं।

तनिक अन्तर्राष्ट्रीय स्तर पर विचार करके देखिये। संयुक्त राष्ट्र संघ में केवल पाँच भाषाओं को मान्यता दी गई है-और वह भी डंडे के ज़ोर पर। हम चाहते हैं कि एक दिन हिन्दी को भी मान्यता दी जाय-और वह भी डंडे के ज़ोर पर नहीं, गुणों के आधार पर। एक दिन ऐसा आयगा जब मान्यता-प्राप्त सभी भाषाओं की तुलना की जायगी, और यह प्रश्न उठेगा कि कौन सी भाषा अन्य भाषाओं की अधिक से अधिक ध्वनियों को व्यक्त कर सकेगी। हम चाहते हैं कि उस दिन कह सकें कि 'यूरोपीय भाषायें हमारी हिन्दी की क़ई ध्वनियाँ व्यक्त करने में असमर्थ हैं, किन्तु हमारी हिन्दी फ़ारसी, अरबी और सभी यूरोपीय भाषाओं की अधिक से अधिक ध्वनियाँ व्यक्त कर सकती है।" यह तभी होगा जब हमारे अक्षरों के नीचे बिन्दियाँ लगाने की पद्धति अपनाई जाय। हम चाहते हैं कि हिन्दी केवल यूरोपीय भाषाओं के समकक्ष ही न बैठे, अपने गुणों के आधार पर उनसे आगे निकल जाय।

इन सभी बातों पर विचार करने से केवल यही निष्कर्ष निकलता है कि बिन्दियाँ लगाना आवश्यक है। "बिन्दी-रहित हिन्दी" का मान केवल इस देश में होगा, "बिन्दी-युक्त हिन्दी", का मान विदेशों में भी होगा। जितने दृढ़ वाजपेयी जी आदि बिन्दी मिटाने पर हैं, उतने ही दृढ़ हम लोग बिन्दी लगाने पर है। हिन्दी शब्द-मीमांसा के पृ० ९९ पर वाजपेयी जी लिखते हैं कि :

"अब यह 'बीमारी' वैसी नहीं; पर कहीं-कहीं ग़ाफ़िल लोगों पर चढ़ बैठती है।"

वाजपेयी जी के विचार में अब यह 'बीमारी' वैसी नहीं है। हम बड़ी नम्रता से वाजपेयी जी को बताना चाहते हैं कि यह 'बीमारी' घट नहीं रही है, बढ़ रही है। और ईश्वर चाहेगा तो बढ़ती ही जायगी क्योंकि अब तो इस पद्धति को सरकारी प्रश्रय भी मिल गया है। बिन्दियाँ लग कर ही रहेंगी। इसलिए नहीं कि मैं चाहता हूं या मेरे जैसे लाखों भारतवासी चाहते हैं, वरन् इसलिये कि यह समय की पुकार है जिसकी उपेक्षा नहीं हो सकती।

अध्याय (५)

शब्द-युग्म सूची

यहाँ शब्दों के केवल मुख्य अर्थ ही दिये गये हैं।

(१) अकल—वि० जो खंडित न हो, पूरा, समूचा।
अक़ल = अक़्ल—स्त्री० बुद्धि।

(२) अज—वि० अजन्मा, अनादि।
अज़—प्रत्यय० से।

(३) अजल—वि० जल-रहित, निर्जल।
अज़ल—स्त्री० मौत।

(४) अजान—वि० अबोध, जैसे अजान बालक।
अज़ान—स्त्री० नमाज़ के लिये पुकार।

(५) अरक—पुं० सूर्य!
अरक़—पुं० सार या सत्व।

(६) आगा—पुं० आगे का भाग, जैसे मकान का आगा।
आग़ा—पुं० सरदार, मुखिया।

(७) कद—अव्यय० कब, किस समय।
क़द—पुं० आकार, ऊँचाई का विस्तार।

(८) कदीम—पुं० लोहे का वह छड़ जिसकी सहायता से भारी वस्तुएँ खिसकाई जाती हैं।
क़दीम—वि० पुराना।

(९) कफ—पुं० बलग़म।

कफ़—पुं० (१) दोहरी सिली हुई पट्टी, जैसे क़मीज़ का कफ़।

(२) झाग, फेन।

(१०) कबर—अव्यय० कब, किस समय।

क़बर=क़ब्र, स्त्री० वह गड्ढा जिसमें शव गाड़ा जाय।

(११) कमर—स्त्री० कटि।

क़मर—पुं० चाँद।

(१२) करार—पुं० (१) कौआ। (२) कगार।

क़रार—पुं० (१) स्थिरता (२) धैर्य या शांति।

(१३) करीना—पुं० पत्थर गढ़ने की टाँकी।

क़रीना—पुं० (१) ढंग, तरीक़ा। (२) क्रम।

(१४) कलम—पुं० रवा, लम्बोतरा टुकड़ा।

क़लम—स्त्री० लेखनी।

(१५ कलह—पुं० झगड़ा, विवाद।

क़लह—स्त्री० दाँतों का मैल अथवा पीलापन।

(१६) कालीन—वि० किसी काल-विशेष से सम्बद्ध, जैसे मुग़लकालीन, मध्यकालीन।

क़ालीन—पुं० गलीचा, मोटा बिछावन।

(१७) कुरा—स्त्री० कट सरैया।

क़ुरा—पुं० ग्राम-समूह।

(१८) कै—वि० गिनती में कितना?

क़ै—स्त्री० उलटी, वमन।

(१९) कौल—पुं० (१) कुलीन व्यक्ति (२) कश्मीरियों की एक उपजाति।

क़ौल—पुं० दिया हुआ वचन।

(२०) खतना—अ० खाते या बही में चढ़ाया जाना।

ख़तना—पुं० सुन्नत, मुसलमानी।

(२१) खता—पुं० घाव, ज़ख़्म।

ख़ता—स्त्री० अपराध, भूल।

(२२) खान—स्त्री० खदान, आकर।

ख़ान—पुं० सरदार, मालिक।

(२३) खाना—स० भोजन करना।

ख़ाना—पुं० छोटा बक्सा या डिब्बा, जैसे ऐनक का ख़ाना।

(२४) खार—पुं० नोनी मिट्टी।

ख़ार—पुं० काँटा।

(२५) खारा—वि० नमकीन।

ख़ारा—पुं० कड़ा और भारी पत्थर।

(२६) खाल—स्त्री० त्वचा।

ख़ाल—पुं० तिल!

(२७) खाला—वि० नीचा, जैसे ऊँचा-खाला = ऊबड़ खाबड़।

ख़ाला—स्त्री० माँ की बहन, मौसी।

(२८) खुदा—अ० खुदना का भूतकाल।

ख़ुदा—पुं० ईश्वर।

(२९) खैर—पुं० कत्था।

ख़ैर—स्त्री० कुशल।

(३०) खोंचा—पुं० लग्घी।

ख़ोंचा—पुं० बिसात।

(३१) गज--पुं० हाथी।

गज़--पुं० लम्बाई की एक नाप जो तीन फ़ुट के बराबर होती है।

(३२) गनी--स्त्री० टाट, जिसके बोरे बनते हैं।

ग़नी--वि० सम्पन्न, धनबान।

(३३) गप--स्त्री० झट से खाने की क्रिया या भाव।

ग़प--स्त्री० गल्प।

(३४) गम--पुं० चलने या जाने की क्रिया या भाव।

ग़म--पुं० भारी दुःख।

(३५) गरज--स्त्री० गम्भीर या घोर ध्वनि, जैसे बादल की गरज।

ग़रज़--स्त्री० स्वार्थ जन्य इच्छा।

(३६) गरारा--पुं० ढीली मोरी का पाजामा।

ग़रारा--पुं० मुँह में पानी भरकर (ग़र्र ग़र्र शब्द करके) कुल्ली करना।

(३७) गर्रा--पुं० लाखी रंग।

ग़र्रा--पुं० गर्व, अभिमान।

(३८) गलती--पुं० अभिषेक-घट जिसमें छेद होता है।

ग़लती--स्त्री० अशुद्धि, भूल।

(३९) गल्ला--पुं० पशुओं का झुण्ड।

ग़ल्ला--पुं० अनाज।

(४०) गार--बि० करनेवाला, जैसे गुनहगार।

ग़ार--पुं० गड्ढा।

(४१) गुल--पुं० फूल।

ग़ुल--पुं० शोर।

(४२) गैन--पुं० गैल, मार्ग।
ग़ैन--फ़ारसी लिपि का एक अक्षर।

(४३) गैर--पुं० गैल, मार्ग।
ग़ैर--वि० पराया।

(४४) गोता--पुं० गोत्र या वंश, जैसे नाते-गोते वाले।
ग़ोता--पुं० डुबकी।

(४५) गोर--स्त्री० क़ब्र।
ग़ोर--पुं० ईरान देश का एक पुराना प्रान्त।

(४६) गोरी--स्त्री० गौर वर्ण की स्त्री।
ग़ोरी--वि० ईरान के ग़ोर नामक प्रान्त का, जैसे मुहम्मद ग़ोरी।

(४७) गौर--वि० गोरे रंग का।
ग़ौर--पु० चिन्तन, सोच-विचार।

(४८) चख--सं० चखना क्रिया से।
चख़--पुं० झगड़ा।

(४९) जंग--स्त्री० लड़ाई।
ज़ंग--पुं० (लोहे में लगनेवाला) मोरचा।

(५०) जक--स्त्री० हठ, ज़िद।
ज़क--स्त्री० पराजय, हार।

(५१) जन--पुं० लोग।
ज़न--स्त्री० स्त्री।

(५२) जनाना--स० (१) जानकारी कराना, अवगत कराना।
(२) प्रसव कराना।

ज़नाना--वि० स्त्रियों का सा।

(५३) जमाना—स० दृढ़ता पूर्वक स्थिर करना, जैसे दीवार पर पत्थर जमाना।
ज़माना—पुं० काल, समय।

(५४) जर—वि० वृद्ध होने वाला।
ज़र—पु० (१) सोना (२) धन।

(५५) जरा—स्त्री० बुढ़ापा।
ज़रा—वि० थोड़ा, अल्प।

(५६) जरी—वि० बुड्ढा, वृद्ध।
ज़री—स्त्री० (१) बादले से बना हुआ ताश नामक कपड़ा।
(२) सोने के वे तार जिनसे कपड़ों पर बेल-बूटे आदि बनाये जाते हैं।

(५७) जलील—वि० प्रतिष्ठित और महान।
ज़लील—वि० तुच्छ, निम्न कोटि का, नीच।

(५८) जाती—स्त्री० जायफल।
ज़ाती—वि० अपना, व्यक्तिगत, निजी।

(५९) जामिन—पुं० लकड़ी का वह टुकड़ा जो हुक्के में नैचे की दोनों नलियों को अलग रखने के लिए चिलम गर्दं और चूल के बीच में बांधा जाता है।
ज़ामिन—पु० वह व्यक्ति जो किसी की ज़मानत करे।

(६०) जाया—पु० पुत्र, बेटा।
ज़ाया—वि० जो काम में न आया हो, और यों ही नष्ट हो गया हो।

(६१) जार—पु० उपपति, यार।
ज़ार—पु० (१) स्थान जैसे गुलज़ार में।
(२) रूस के पुराने राजाओं की उपाधि।

(६२) जारी—वि० जो चलन में हो या चल रहा हो, जैसे कारोबार जारी रहना।

ज़ारी—पु० एक प्रकार का शोक-गीत जो मुहर्रम में ताज़ियों के सामने गाया जाता है।

(६३) जिला—स्त्री० चमक-दमक।

ज़िला—पु० प्रदेश का कोई छोटा विभाग!

(६४) जीना—अ० ज़िन्दा रहना, जीवित रहना।

ज़ीना—पु० सीढ़ी।

(६५) जीर—वि० जीर्ण।

ज़ीर—पु० (१) ज़ीरा। (२) फूलों का केसर।

(६६) जेबा—पुं० बड़ा जेब।

ज़ेबा—वि० शोभाजनक।

(६७) जेरी—स्त्री० चरवाहों के हाथ में रहनेवाला डंडा।

ज़ेरी—स्त्री० तंग होने की अवस्था या भाव।

(६८) जेल—पुं० कारागार।

ज़ेल—स्त्री० परेशानी।

(६९) जेवर—पु० एक प्रकार का पक्षी।

ज़ेवर—पुं० गहना, आभूषण।

(७०) जौक—पु० जत्था, मंडली।

ज़ौक—पुं० (१) स्वाद, मज़ा। (२) रुचि, शौक़।

(७१) ताक—स्त्री० ताकने की क्रिया या भाव।

ताक़—पु० आला, ताखा।

(७२) तेज—पु० कान्ति, चमक।

तेज़—वि० तीव्र या विकट, जैसे तेज़ आग।

(७३) नख—पुं० नाख़ून।

नख़—स्त्री० पतंग उड़ाने की डोर जिस पर मांझा किया जाता है।

(७४) नागा—वि० नंगा।

नाग़ा—पु० वह दिन जिसमें कोई नित्य किया जानेवाला काम छूट जाय या रह जाय। जैसे नौकर या मज़दूर ने महीने में दो नाग़े किये।

(७५) नाज—पुं० अन्न, अनाज।

नाज़—पु० चोचला, ठसक, नखरा।

(७६) फाल—स्त्री० सुपारी का कटा हुआ टुकड़ा, छाली।

फ़ाल—स्त्री० रमल में, पासा फेंक कर, शुभाशुभ बताने की क्रिया।

(७७) फुट—वि० एकाकी, अकेला।

फ़ुट—पुं० लम्बाई की एक नाप।

(७८) फेल—पुं० जूठन।

फ़ेल—(१) पुं० कार्य या क्रिया।

(२) वि० अनुत्तीर्ण।

(७९) बाग—स्त्री० लगाम।

बाग़—पुं०—उद्यान।

(८०) बाज—पुं० बाजा।

बाज़—(१) एक प्रकार का शिकारी पक्षी।

(२) कोई-कोई, जैसे 'बाज़ लोग'।

(८१) बाजी—पुं० (१) घोड़ा।

(२) बाजा बजानेवाला, बजनिया।

बाज़ी—स्त्री॰ (१) शर्त, बदान।
(२) एक पूरा खेल, जैसे शतरंज की एक बाज़ी।
(३) बारी, दाँव।
(४) कोई व्यसन अथवा व्यापार, जैसे पतंगबाज़ी, घूँसेबाज़ी।

(८२) बेगम—स्त्री॰ किसी सरदार की पत्नी।
बेग़म—वि॰ बिना किसी ग़म के, निश्चिन्त।

(८३) माजू—पुं॰ ऐसा व्यक्ति जिसकी पहली पत्नी मर चुकी हो।
माज़ू—पुं॰ एक प्रकार का फल जो औषध का काम देता है।

(८४) राज—पुं॰ शासन।
राज़—पुं रहस्य, भेद।

(८५) राजी—स्त्री॰ पंक्ति, श्रेणी।
राज़ी—वि॰ सहमत।

(८६) रोजा—पुं॰ समाधि।
रोज़ा—पुं॰ व्रत, उपवास।

(८७) रोजी—स्त्री॰ एक प्रकार की गुजराती कपास जिसके फूल पीले होते हैं।
रोज़ी—स्त्री॰ नित्य का भोजन, रोज़ का खाना।

(८८) लगो—अ॰ क्रिया 'लगना' से।
लग़ो—वि॰ झूठा, असंगत।

(८९) वाज—पुं॰ घी।
वाज़—पुं॰ उपदेश।

(९०) शक—पुं० (१) तातार देश का पुराना नाम।
(२) सन्देह।
शक़—वि० फटा हुआ।

(९१) शाख—स्त्री० भाँग।
शाख़—स्त्री० शाखा।

(९२) शिफा—स्त्री० कोड़ा, चाबुक।
शिफ़ा—स्त्री० रोग से छुटकारा।

(९३) शेख—पुं० शेष।
शेख़—पुं० पीर, पूज्य व्यक्ति।

(९४) शौक—पुं० शुकों (तोतों) का झुण्ड।
शौक़—पुं० व्यसन।

(९५) सजा—स० क्रिया 'सजना' से।
सज़ा—स्त्री० दंड।

(९६) साकी—स्त्री० कपूर-कचरी।
साक़ी—पुं० शराब पिलानेवाला व्यक्ति।

(९७) साज—पुं० सजावट।
साज़—पुं० वाद्य-यन्त्र, बाजे।

(९८) सुराग—पुं० बढ़िया राग।
सुराग़—पुं० किसी रहस्य का सूत्र।

(९९) सूफ—पुं० सूप, छाज।
सूफ़—पुं० ऊन।

परिशिष्ट १

बिन्दी-युक्त अक्षर सूची

अक्षर	उदाहरण
क़	क़लम, क़ालीन, क़ै, अक़ल, ताक़, साक़ी ।
ख़	ख़ता, ख़ान, ख़ाना, ख़ुदा, ख़ैर, शेख़ ।
ग़	ग़म, ग़रज़, ग़लत, ग़ल्ला, ग़ैर, नाग़ा, बाग़ ।
ज़	ज़नाना, ज़माना, ज़रा, ज़री, ज़िला, ज़ीना, ज़ेवर, बाज़ी, सज़ा । ज़िंक zinc, इंग्ज़ायटी anxiety, डिज़ीज़ disease ।
झ़	लेझ़र leisure, सीझ़र seizure अझ़दहा मिझ़गां ।
ड़	रबड़, मोड़, झगड़ा ।
ढ़	गढ़ा, मढ़ा, गढ़ ।
फ़	साफ़, रफ़ू, फ़ाल्तू । फ़ुट foot, लाफ़ laugh, काफ़ calf ऑफ़ off, ग्राफ़ graph सेफ़ safe ।
व़	व़ॉल wall, व़िल, will, स्व़ार्म swarm, ट्वि़न twin, स्व़ीट sweet अवे़ away ।

परिशिष्ट २

अभिदेश-सूची

(१) कमल मोहन : खड़ी बोली हिन्दी की कुछ विशेषतायें–त्रैमासिक भाषा ६ (२) (दिसम्बर १९६६) २६–३५।

(२) किशोरी दास वाजपेयी : हिन्दी शब्द-मीमांसा–हिमालय एजेन्सी, कनखल उ० प्र० (१९५८)।

(३) : हिन्दी की वर्तनी तथा शब्द-विश्लेषण–राजधानी ग्रन्थागार, (नई दिल्ली–१४) (१९६८)।

(४) : नुक्ता, नागरी और हिन्दी–दैनिक 'आज' (२२ दिसम्बर, १९६८)।

(५) केन्द्रीय हिन्दी निदेशालय. शिक्षा मन्त्रालय, भारत सरकार : मानक देवनागरी (१९६६)।

(६) गौरीशंकर हीराचन्द ओझा : भारतीय प्राचीन लिपिमाला–राजपूताना संग्रहालय, अजमेर (सम्वत् १९७५)।

(७) धीरेन्द्र वर्मा : हिन्दी भाषा और लिपि–इण्डियन प्रेस, प्रयाग (१९५४)।

(८) न० चि० जोगलेकर : देवनागरी लिपि–स्वरूप, विकास और समस्यायें–हिन्दी साहित्य

भण्डार, अमीनाबाद, लखनऊ (सम्वत् २०१९)।

(९) पद्म सिंह शर्मा : हिन्दी, उर्दू, हिन्दुस्तानी–हिन्दुस्तानी एकैडेमी, प्रयाग (१९५१)।

(१०) ब्रजमोहन : नागरी लिपि–रूप और सुधार–शब्दलोक प्रकाशन, वाराणसी–२ (१९६८)।

(११) रामचन्द्र वर्मा : मानक हिन्दी कोश–हिन्दी साहि सम्मेलन, प्रयाग (सम्वत् २०१९)।

(१२) शिवप्रसाद रुद्र काशिकेय : नागरी में नुक्ता–दैनिक 'अ २४ नवम्बर, १९६८।

(१३) श्याम सुन्दर दास : हिन्दी भाषा–इडियन प्रेस, प्रय (१९५४)।

(१४) सीताराम चतुर्वेदी : भाषा की शिक्षा–हिन्दी सा कुटीर, वाराणसी (संवत् १९९६

(15) Ministry of Education, Govt. of India : Repor of the Hindi Typewriter and Teleprinter Com ttee (1958).

(16) Vaman Shivaram Apte's Sanskrit–English I tionary (edited by P. K. Gode and C. G. Ka Prasad Prakashan, Poona (1957).

• •

परिशिष्ट ३

हिन्दी-अंग्रेजी शब्दावली

टेप-अभिलेखक	Tape-recorder
त्रिस्वर	Triphthong
दूरमुद्रक	Teleprinter
द्विस्वर	Diphthong
मुद्रलिख	Typewriter

• •

परिशिष्ट ४

अंग्रेजी-हिन्दी शब्दावली

Diphthong	द्विस्वर
Tape-recorder	टेप-अभिलेखक
Teleprinter	दूरमुद्रक
Triphthong	त्रिस्वर
Typewriter	मुद्रलिख

• •